D0075642

BOLLINGEN SERIES LXIX:2

# St.-John Perse

# SONG

# FOR

# AN

# EQUINOX

TRANSLATED FROM THE FRENCH

BY RICHARD HOWARD

BOLLINGEN SERIES LXIX:2

PRINCETON UNIVERSITY PRESS

Library of Congress Cataloging in Publication Data will
be found on the last printed page of this book

THIS VOLUME CONSTITUTES NUMBER LXIX:2
IN BOLLINGEN SERIES
SPONSORED BY BOLLINGEN FOUNDATION

This book has been composed in Linotype Granjon
Printed in the United States of America
by Princeton University Press, Princeton, New Jersey

# CONTENTS

*SÉCHERESSE*

✧

DROUTH

# SÉCHERESSE

Quand *la sécheresse sur la terre aura tendu sa peau d'ânesse et cimenté l'argile blanche aux abords de la source, le sel rose des salines annoncera les rouges fins d'empires, et la femelle grise du taon, spectre aux yeux de phosphore, se jettera en nymphomane sur les hommes dévêtus des plages. . . Fange écarlate du langage, assez de ton infatuation!*

*Quand la sécheresse sur la terre aura pris ses assises, nous connaîtrons un temps meilleur aux affrontements de l'homme: temps d'allégresse et d'insolence pour les grandes offensives de l'esprit. La terre a dépouillé ses graisses et nous lègue sa concision. À nous de prendre le relais! Recours à l'homme et libre course!*

*Sécheresse, ô faveur! honneur et luxe d'une élite! dis-nous le choix de tes élus. . . Sistre de Dieu, sois-nous complice. La chair ici nous fut plus près de l'os: chair de locuste ou d'exocet! La mer elle-même nous rejette ses navettes d'os de seiche et ses rubans d'algues flétries: éclipse et manque en toute chair, ô temps venu des grandes hérésies!*

*Quand la sécheresse sur la terre aura tendu son arc, nous en serons la corde brève et la vibration lointaine. Sécheresse, notre appel et notre abréviation. . . «Et moi, dit l'Appelé, j'ai pris mes armes entre les mains: torches levées à tous les antres, et que s'éclaire en moi toute l'aire du possible! Je tiens pour consonance de base ce cri lointain de ma naissance.»*

# DROUTH

Wʜᴇɴ drouth has spread its muleskin over the earth and cemented white clay around the spring, pink crystals in the salt-beds will announce the red ends of empire, and the female gadfly, a gray ghost with phosphorescent eyes, will cling like a nymphomaniac to men lying naked on the beaches. . . Scarlet muck of language, enough of your conceit!

When drouth has subjugated the earth, a better day will dawn for the challenges of man: a day of joy and of insolence for the spirit's great campaigns. The earth has put off its fatness and bequeaths us concision. Ours to take up the torch! Man's reign, and free rein!

Drouth, O boon! honor and luxury of an elite! tell us who shall be chosen. . . God's sistrum, favor us. Here the flesh was closer to the bone: locust-meat, meat of flying fish! The very sea abandons us its sepia shuttles, its ribbons of withered kelp: eclipse and dearth in all flesh, O advent of the great heresies!

When drouth has drawn its bow across the earth, we shall be its taut string and its far vibration. Drouth, our prayer and our abridgement. . . "And I," answers He-who-is-chosen, "I have taken up my weapons, torches raised in every cave, so that within me glows all the glory of what may come to pass! I hear the note struck, the keynote in that far cry of my birth."

4

Et la terre émaciée criait son très grand cri de veuve
bafouée. Et ce fut un long cri d'usure et de fébrilité. Et
ce fut pour nous temps de croître et de créer. . . Sur la
terre insolite aux confins désertiques, où l'éclair vire au
noir, l'esprit de Dieu tenait son hâle de clarté, et la terre
vénéneuse s'enfiévrait comme un massif de corail tropi-
cal. . . N'était-il plus couleur au monde
    que ce jaune d'orpiment?


«Genévriers de Phénicie», plus crêpelés que têtes de
Maures ou de Nubiennes, et vous, grands Ifs incorrup-
tibles, gardiens de places fortes et d'îles cimentées pour
prisonniers d'État masqués de fer, serez-vous seuls, tout
ce temps-là, à consumer ici le sel noir de la terre?
Plantes à griffes et ronciers regagnent les garrigues; le
ciste et le nerprun sont pèlerins du maquis. . . Ah! qu'on
nous laisse seulement
    ce brin de paille entre les dents!

✧

Ô Maïa, douce et sage et Mère de tous songes, concilia-
trice et médiatrice entre toutes factions terrestres, ne
crains point l'anathème et la malédiction sur terre. Les
temps vont revenir, qui ramèneront le rythme des sai-
sons; les nuits vont ramener l'eau vive aux tétines de la
terre. Les heures cheminent devant nous au pas de
l'espadrille, et, rétive, la vie remontera de ses abris sous
terre avec son peuple de fidèles: ses «Lucilies» ou
mouches d'or de la viande, ses psoques, ses mites, ses
réduves; et ses «Talitres», ou puces de mer, sous le
varech des plages aux senteurs d'officine. La Cantharide
verte et le Lycène bleu nous ramèneront l'accent et la
couleur; et la terre tatouée de rouge recouvrera ses
grandes roses mécréantes, comme tissu de toile peinte
pour femmes de Sénégambie. Les dartres pourpres du

And the emaciated earth gave its great cry, the cry
of a widow mocked. And this was one long cry of ague
and attrition. And this was for us the time to increase
and create. . . To the desert verges of the unfamiliar
earth, where the lightning veers to black, God's spirit
held all in its bright burning, and the pestilent land
grew fevered as a tropical coral reef. . . Was there no
color left in the world
   but this arsenic yellow?

Junipers of Phoenicia, matted closer than the hair of
Nubian women or of Moors, and you, great incorrupt-
ible Yews, guardians of citadels and of fortified islands
for prisoners of state in iron masks, is it only you in all
this time who consume the black salt of the earth?
Thorns and briars repossess the scrub; rockrose and
buckthorn are pilgrims of the maquis. . . Ah! leave us
this only,
   this wisp of straw between our teeth!

✧

O Maia, wise and gentle Mother of all hopes, peace-
maker mediating among all earthly factions, fear not
anathema and malediction upon earth. The time will
return, the time which will restore the rhythm of the
seasons; the nights will restore the living water to earth's
dugs. The hours trudge before us at a sandal's pace, and
life, restive, will rise again from its underground shel-
ters with its faithful horde: blowflies, the golden Lucilia,
and deathwatch beetles and assassin bugs, mites and
termites, and the Talitrae or sand-fleas, under the wrack
that smells of iodine. The green Cantharides and the
blue Lycaenidae will restore color and accent to us, and
the red-tattooed earth will recover its huge infidel pinks,
like linen painted for Senegambian women. Already the

*lézard virent déjà sous terre au noir d'opium et de sépia. . . Nous reviendront aussi les belles couleuvres visiteuses, qui semblent descendre de litière avec leurs ondulations de hanches à la Sanseverina. Guêpiers d'Afrique et Bondrées apivores arraisonneront la guêpe aux terriers des falaises. Et la Huppe messagère cherchera encore sur terre l'épaule princière où se poser. . .*

*Éclate, ô sève non sevrée! L'amour fuse de partout, jusque sous l'os et sous la corne. La terre elle-même change d'écorce. Vienne le rut, vienne le brame! et l'homme encore, tout abîme, se penche sans grief sur la nuit de son cœur. Écoute, ô cœur fidèle, ce battement sous terre d'une aile inexorable. . . Le son s'éveille et sauve l'essaim sonore de sa ruche; et le temps mis en cage nous fait entendre au loin son martèlement d'épeiche. . . Les oies sauvages s'agrainent-elles aux rives mortes des rizières, et les greniers publics céderont-ils un soir à la poussée des houles populaires?. . . Ô terre du sacre et du prodige—terre prodigue encore à l'homme jusqu'en ses sources sous-marines honorées des Césars, que de merveilles encore montent vers nous de l'abîme de tes nuits! Ainsi par temps de couvaison d'orage—le savions-nous vraiment?—les petites pieuvres de grand fond remontent avec la nuit vers la face tuméfiée des eaux. . .*

*Les nuits vont ramener sur terre la fraîcheur et la danse: sur la terre ossifiée aux affleurements d'ivoire retentiront encore sardanes et chaconnes, et leur basse obstinée nous tient déjà l'oreille à l'écoute des chambres souterraines. Au claquement des crotales et du talon de bois se fait encore entendre, à travers siècles, la danseuse*

lizard's purple scabs are turning, underground, to opium black, to sepia. . . And back to us, too, will come the lovely visiting grass-snakes, which seem to be alighting from a litter, sides rippling like La Sanseverina's. African bee-eaters and honey-buzzards will board the nests of mason wasps on the cliffs; and the messenger hoopoe will once again seek upon earth the royal shoulder for its perch. . .

Let the sap, unweaned, burst from the stem! Love spreads everywhere and runs even beneath the bone, beneath the horn. Earth itself changes crust. Let the rutting season come, the season of troating stags! and man too, everywhere abyss, leans unresentful over the darkness of his own heart. Listen, O loyal heart, listen to that underground beating of an inexorable wing. . . The sound rises and saves the murmuring swarm from its hive; and it is the caged season we hear, hammering like a woodpecker. . . Do the wild geese scatter on the dead shores of the rice-fields, and will the public granaries yield one evening to the pressure of the swelling crowds?. . . O earth of rite and prodigy—earth prodigal to man, prodigal down to its underwater springs honored by Caesars, what wonders rise to us still from the abyss of your nights! Thus, when the storm gathers—in truth, did we know this?—the tiny squids of the deep rise with the darkness to the swollen face of the waters. . .

The nights will restore coolness and dancing on earth: ossified earth with its outcroppings of ivory will ring again to sardanas and chaconnes, and already their ground bass prepares our ears for the resonance of underground chambers. The rattle of castanets and wooden heels wakens out of time that Gaditan dancer who

gaditane qui dissipait en Hispanie l'ennui des Proconsuls
romains. . . Les pluies nomades, venues de l'Est, tinteront
encore au tambourin tzigane; et les belles averses de fin
d'été, descendues de haute mer en toilettes de soirée,
promèneront encore sur terre leurs bas de jupes pail-
letés. . .

Ô mouvement vers l'Être et renaissance à l'Être! No-
mades tous les sables! . . . et le temps siffle au ras du
sol. . . Le vent qui déplace pour nous l'inclinaison des
dunes nous montrera peut-être au jour la place où fut
moulée de nuit la face du dieu qui couchait là. . .

✧

Oui, tout cela sera. Oui, les temps reviendront, qui
lèvent l'interdit sur la face de la terre. Mais pour un
temps encore c'est l'anathème, et l'heure encore est au
blasphème: la terre sous bandelettes, la source sous
scellés. . . Arrête, ô songe, d'enseigner, et toi, mémoire,
d'engendrer.

Avides et mordantes soient nos heures nouvelles! et
perdues aussi bien soient-elles au champ de la mémoire,
où nulle jamais ne fit office de glaneuse. Brève la vie,
brève la course, et la mort nous rançonne! L'offrande au
temps n'est plus la même. Ô temps de Dieu, sois-nous
comptable.

Nos actes nous devancent, et l'effronterie nous mène:
dieux et faquins sous même étrille, emmêlés à jamais à la
même famille. Et nos voies sont communes, et nos goûts
sont les mêmes—ah! tout ce feu d'une âme sans arôme
qui porte l'homme à son plus vif: au plus lucide, au plus
bref de de lui-même!

beguiled the tedium of Roman proconsuls in His-
pania. . . The wandering rains, out of the East, will ring
again upon gypsy tambourines, and the fine showers of
late summer, down from the high seas in evening
gowns, will again spread the spangled hems of their
skirts over the earth. . .

O movement toward Being, O rebirth to Being! No-
mads, the sands!. . . and the season hisses across the
ground. . . The wind shifting the dune slopes may show
us at dawn the place where the face of the god who
slept here was molded by night. . .

Yes, all that will come to pass. Yes, the seasons will
return which raise the ban upon the face of the earth.
But for a time still, there is anathema, and the hour is
still the hour of blasphemy: the earth in cerements, the
springs sealed. . . No more hope, teach no more, and
you, memory, beget no more.

Eager and mordant be our new hours! and may they
also be lost in memory's field, where none ever did
gleaner's work. Short the life, and short the race, and
death is our ransom! The offering to time is no longer
the same. O time of God, be accounted unto us.

Our acts precede us, and effrontery leads us: gods and
knaves under the same hand, curried with the same
comb, tangled forever in the one family. And our ways
are shared, and our cravings the same—ah! all this fire of
a savorless soul that sharpens a man so: to the clearest,
to the merest of himself!

*Agressions de l'esprit, pirateries du cœur—ô temps venu de grande convoitise. Nulle oraison sur terre n'égale notre soif; nulle affluence en nous n'étanche la source du désir. La sécheresse nous incite et la soif nous aiguise. Nos actes sont partiels, nos œuvres parcellaires! Ô temps de Dieu, nous seras-tu enfin complice?*

*Dieu s'use contre l'homme, l'homme s'use contre Dieu. Et les mots au langage refusent leur tribut: mots sans office et sans alliance, et qui dévorent, à même, la feuille vaste du langage comme feuille verte de mûrier, avec une voracité d'insectes, de chenilles. . . Sécheresse, ô faveur, dis-nous le choix de tes élus.*

*Vous qui parlez l'ossète sur quelque pente caucasienne, par temps de grande sécheresse et d'effritement rocheux, savez combien proche du sol, au fil de l'herbe et de la brise, se fait sentir à l'homme l'haleine du divin. Sécheresse, ô faveur! Midi l'aveugle nous éclaire: fascination au sol du signe et de l'objet.*

*Quand la sécheresse sur la terre aura desserré son étreinte, nous retiendrons de ses méfaits les dons les plus précieux: maigreur et soif et faveur d'être. «Et moi, dit l'Appelé, je m'enfiévrais de cette fièvre. Et l'avanie du ciel fut notre chance.» Sécheresse, ô passion! délice et fête d'une élite.*

*Et nous voici maintenant sur les routes d'exode. La terre au loin brûle ses aromates. La chair grésille jusqu'à l'os. Des contrées derrière nous s'éteignent en plein feu du jour. Et la terre mise à nu montre ses clavicules jaunes gravées de signes inconnus. Où furent les seigles, le sorgho, fume l'argile blanche, couleur de fèces torréfiées.*

Aggressions of the mind, piracies of the heart—now is the season of lust hard upon us. No prayer on earth is equal to our thirst; no affluence within us stanches the source of desire. Drouth incites us, and thirst sharpens us. Our acts are partial, our works fragmentary! O time of God, will you at last be on our side?

God frays against man, man against God. And the words deny their tribute to the language: words without function, without agreement, devouring the huge leaf of language even as the green mulberry-leaf, with the voracity of insects, of caterpillars. . . Drouth, O boon, tell us who shall be chosen.

You speakers of Ossetic on some Caucasian slope, in a season of great drouth and crumbling of rocks, you know how close to the ground, hard upon the grass and hard upon the wind, man's ear may hear the breath of the divine. Drouth, O boon! Blind noon enlightens us: fascination upon earth of the sign and of the object.

❖

When drouth has released the land from its embrace, we shall keep, among its damages, the most precious gifts of all: emaciation and thirst and the boon of being. "And I," answers He-who-is-chosen, "I shall burn with that fever. And the sky's affront was our chance." Drouth, O passion! delight and feast of an elite.

And now we are on the roads of exodus. Earth in the distance burns its spices. Flesh in that flame shrivels to the bone. Lands behind us die out in broad daylight. And earth, laid bare, shows its yellow clavicles incised with unknown signs. Where the rye harvests were, and the sorghum crop, smokes the white clay, color of scorched dung.

12

*Les chiens descendent avec nous les pistes menson-
gères. Et Midi l'Aboyeur cherche ses morts dans les
tranchées comblées d'insectes migrateurs. Mais nos routes
sont ailleurs, nos heures démentielles, et, rongés de lu-
cidité, ivres d'intempérie, voici, nous avançons un soir
en terre de Dieu comme un peuple d'affamés qui a dé-
voré ses semences...*

✧

*Transgression! transgression! Tranchante notre
marche, impudente notre quête. Et devant nous lèvent
d'elles-mêmes nos œuvres à venir, plus incisives et brèves,
et comme corrosives.*

*De l'aigre et de l'acerbe nous connaissons les lois. Plus
que denrées d'Afrique ou qu'épices latines, nos mets
abondent en acides, et nos sources sont furtives.*

*Ô temps de Dieu, sois-nous propice. Et d'une brûlure
d'ail naîtra peut-être un soir l'étincelle du génie. Où
courait-elle hier, où courra-t-elle demain?*

*Nous serons là, et des plus prompts, pour en cerner sur
terre l'amorce fulgurante. L'aventure est immense et
nous y pourvoirons. C'est là ce soir le fait de l'homme.*

*Par les sept os soudés du front et de la face, que
l'homme en Dieu s'entête et s'use jusqu'à l'os, ah!
jusqu'à l'éclatement de l'os!... Songe de Dieu sois-
nous complice...*

✧

«Singe de Dieu, trêve à tes ruses!»

1974

The dogs come with us down the false trails. And barking Noon seeks out its dead in the ditches clogged with migratory insects. But our roads are elsewhere, our hours distracted, and, obsessed by lucidity, drunk with foul weather, we advance one evening into God's land like a starving tribe that has devoured the very corn it would sow with. . .

Transgression! Transgression! Forced, our march; impudent, our quest. And before us rise of themselves our works to come, more incisive and abrupt, and as though they had the power to corrode.

Of the bitter and the harsh we know the laws. More than the grains of Africa, than even Mediterranean spices, our dishes teem with acids, and our springs are furtive.

O time of God, favor us. And from a scald of garlic may be born, some evening, the spark of genius. Where did it run yesterday, where will it run tomorrow?

We shall be there, and most swift, to encircle on earth its blazing birth. Vast is the venture, and we shall attend to it. There tonight is man's task.

By the seven knit bones of the forehead and the face, let man persist in God and wear himself down to the bone, ah! to the splintering of the bone!. . . Hope of God, favor us. . .

✧

*"Ape of God, have done with your deceit!"*

1974

*CHANT POUR UN ÉQUINOXE*

✧

SONG FOR AN EQUINOX

# CHANT POUR UN ÉQUINOXE

L'AUTRE *soir il tonnait, et sur la terre aux tombes j'écoutais retentir*
   *cette réponse à l'homme, qui fut brève, et ne fut que fracas.*

   *Amie, l'averse du ciel fut avec nous, la nuit de Dieu fut notre intempérie,*
   *et l'amour, en tous lieux, remontait vers ses sources.*

   *Je sais, j'ai vu: la vie remonte vers ses sources, la foudre ramasse ses outils dans les carrières désertées,*
   *le pollen jaune des pins s'assemble aux angles des terrasses,*

   *et la semence de Dieu s'en va rejoindre en mer les nappes mauves du plancton.*
   *Dieu l'épars nous rejoint dans la diversité.*

✧

   *Sire, Maître du sol, voyez qu'il neige, et ciel est sans heurt, la terre franche de tout bât:*
   *terre de Seth et de Saül, de Che Houang-ti et de Chéops.*

   *La voix des hommes est dans les hommes, la voix du bronze dans le bronze, et quelque part au monde*
   *où le ciel fut sans voix et le siècle n'eut garde,*

   *un enfant naît au monde dont nul ne sait la race ni le rang, et le génie frappe à coups sûrs aux lobes d'un front pur.*

# SONG FOR AN EQUINOX

THE other night it thundered, and over the tombal
earth I heard echoing
    that answer to man, which was brief, and was no more
than noise.

    My love, the downpour from that sky was with us,
God's night was our foul weather,
    and love, in all places, rose again toward its sources.

    I know, I have seen: life rises again toward its sources,
lightning gathers its tools in the abandoned quarries,
    the yellow pollen of the pines collects in the terrace
corners,

    and God's seed goes, to rejoin at sea the mauve layers
of plankton.

    God the scattered rejoins us in diversity.

✧

    Lord, Master of the ground, see, it snows, and the
sky is without motion, the earth free of all burdens:
    earth of Seth and of Saul, of Chi Huang-ti and of
Cheops.

    The voice of men is in the men, the voice of bronze in
the bronze, and somewhere in the world
    where the sky was voiceless and the age took no heed,

    a child is born into the world whose race nor rank is
known, and genius knocks infallibly at the lobes of a
pure forehead.

*Ô Terre, notre Mère, n'ayez souci de cette engeance:
le siècle est prompt, le siècle est foule, et la vie va son
cours.*

*Un chant se lève en nous qui n'a connu sa source et
qui n'aura d'estuaire dans la mort:*

*équinoxe d'une heure entre la Terre et l'homme.*

1971

O Earth, our Mother, heed not this brood: the age is swift, the age is legion, and life goes its way.

A singing rises within us which has not known its source and will have no estuary in death:

equinox of an hour between Earth and man.

1971

*NOCTURNE*

NOCTURNE

# NOCTURNE

Les *voici mûrs, ces fruits d'un ombrageux destin. De notre songe issus, de notre sang nourris, et qui hantaient la pourpre de nos nuits, ils sont les fruits du long souci, ils sont les fruits du long désir, ils furent nos plus secrets complices et, souvent proches de l'aveu, nous tiraient à leurs fins hors de l'abîme de nos nuits... Au feu du jour toute faveur! les voici mûrs et sous la pourpre, ces fruits d'un impérieux destin—Nous n'y trouvons point notre gré.*

*Soleil de l'être, trahison! Où fut la fraude, où fut l'offense? où fut la faute et fut la tare, et l'erreur quelle est-elle? Reprendrons-nous le thème à sa naissance? revivrons-nous la fièvre et le tourment?... Majesté de la rose, nous ne sommes point de tes fervents: à plus amer va notre sang, à plus sévère vont nos soins, nos routes sont peu sûres, et la nuit est profonde où s'arrachent nos dieux. Roses canines et ronces noires peuplent pour nous les rives du naufrage.*

*Les voici mûrissants, ces fruits d'une autre rive. «Soleil de l'être, couvre-moi!»—parole du transfuge. Et ceux qui l'auront vu passer diront: qui fut cet homme, et quelle, sa demeure? Allait-il seul au feu du jour montrer la pourpre de ses nuits?... Soleil de l'être, Prince et Maître! nos œuvres sont éparses, nos tâches sans honneur et nos blés sans moisson: la lieuse de gerbes attend au bas du soir.—Les voici teints de notre sang, ces fruits d'un orageux destin.*

*À son pas de lieuse de gerbes s'en va la vie sans haine ni rançon.*

1972

# NOCTURNE

Now! they are ripe, these fruits of a jealous fate. From our dream grown, on our blood fed, and haunting the purple of our nights, they are the fruits of long concern, they are the fruits of long desire, they were our most secret accomplices and, often verging upon avowal, drew us to their ends out of the abyss of our nights. . . Praise to the first dawn, now they are ripe and beneath the purple, these fruits of an imperious fate. —We do not find our liking here.

Sun of being, betrayal! Where was the fraud, where was the offense? where was the fault and where the flaw, and the error, which is the error? Shall we trace the theme back to its birth? shall we relive the fever and the torment?. . . Majesty of the rose, we are not among your adepts: our blood goes to what is bitterer, our care to what is more severe, our roads are uncertain, and deep is the night out of which our gods are torn. Dog roses and black briars populate for us the shores of shipwreck.

Now they are ripening, these fruits of another shore. "Sun of being, shield me!" —turncoat's words. And those who have seen him pass will say: who was that man, and which his home? Did he go alone at dawn to show the purple of his nights?. . . Sun of being, Prince and Master! our works are scattered, our tasks without honor and our grain without harvest: the binder of sheaves awaits, at the evening's ebb.—Behold, they are dyed with our blood, these fruits of a stormy fate.

At the gait of a binder of sheaves life goes, without hatred or ransom.

1972

*CHANTÉ PAR CELLE QUI FUT LÀ*

✦

SUNG BY ONE WHO WAS THERE

## *CHANTÉ PAR CELLE QUI FUT LÀ*

A<small>MOUR</small>, *ô mon amour, immense fut la nuit, immense notre veille où fut tant d'être consumé.*

*Femme vous suis-je, et de grand sens, dans les ténèbres du cœur d'homme.*

*La nuit d'été s'éclaire à nos persiennes closes; le raisin noir bleuit dans les campagnes; le câprier des bords de route montre le rose de sa chair; et la senteur du jour s'éveille dans vos arbres à résine.*

*Femme vous suis-je, ô mon amour, dans les silences du cœur d'homme.*

*La terre, à son éveil, n'est que tressaillement d'insectes sous les feuilles: aiguilles et dards sous toutes feuilles. . .*

*Et moi j'écoute, ô mon amour, toutes choses courir à leurs fins. La petite chouette de Pallas se fait entendre dans le cyprès; Cérès aux tendres mains nous ouvre les fruits du grenadier et les noix du Quercy; le rat-lérot bâtit son nid dans les fascines d'un grand arbre; et les criquets-pèlerins rongent le sol jusqu'à la tombe d'Abraham.*

*Femme vous suis-je, et de grand songe, dans tout l'espace du cœur d'homme:*

*demeure ouverte à l'éternel, tente dressée sur votre seuil, et bon accueil fait à la ronde à toutes promesses de merveilles.*

*Les attelages du ciel descendent les collines; les chasseurs de bouquetins ont brisé nos clôtures; et sur le sable de l'allée j'entends crier les essieux d'or du dieu qui passe notre grille. . . Ô mon amour de très grand*

# SUNG BY ONE WHO WAS THERE

Love, O my love, measureless was the night, measure-
less our waking in which so much being was consumed.
Woman I am unto you, and knowing, in the shadows
of man's heart.
The summer night brightens at our blinds; the black
grape turns blue in the fields; the roadside caper-bush
shows its pink flesh; and the day's scent wakens in
your gum trees.

Woman I am unto you, O my love, in the silences of
man's heart.
The earth, awakening, is no more than a shudder of
insects under the leaves: needles and stings under all
leaves. . .

And I, O my love, I hear all things run to their ends.
Athena's little owl hoots in the cypress; tender-handed
Ceres opens the fruits of the pomegranate-tree for us
and the shells of hazelnuts; the dormouse builds her
nest in the brushwood under a great tree; and the
locusts devour the earth, even unto Abraham's tomb.

Woman I am unto you, and dreaming, in all the space
of man's heart:
abode open to the eternal, tent pitched on your threshold,
and welcome offered on every hand to each promise
of wonders.
Steeds of the sky ride down the hills; ibex-hunters have
broken our fences; and on the sand of the path, I hear
them grating, the golden axles of the god who passes
our gate. . . O my love great in dreaming, what rites

*songe, que d'offices célébrés sur le pas de nos portes!
que de pieds nus courant sur nos carrelages et sur nos
tuiles!...*

*Grands Rois couchés dans vos étuis de bois sous les dalles
de bronze, voici, voici de notre offrande à vos mânes
rebelles:
reflux de vie en toutes fosses, hommes debout sur toutes
dalles, et la vie reprenant toutes choses sous son aile!*

*Vos peuples décimés se tirent du néant; vos reines poig-
nardées se font tourterelles de l'orage; en Souabe fu-
rent les derniers reîtres; et les hommes de violence
chaussent l'éperon pour les conquêtes de la science.
Aux pamphlets de l'histoire se joint l'abeille du désert,
et les solitudes de l'Est se peuplent de légendes... La
Mort au masque de céruse se lave les mains dans nos
fontaines.*

*Femme vous suis-je, ô mon amour, en toutes fêtes de
mémoire. Écoute, écoute, ô mon amour,
le bruit que fait un grand amour au reflux de la vie.
Toutes choses courent à la vie comme courriers d'em-
pire.*

*Les filles de veuves à la ville se peignent les paupières;
les bêtes blanches du Caucase se payent en dinars; les
vieux laqueurs de Chine ont les mains rouges sur
leurs jonques de bois noir; et les grandes barques de
Hollande embaument le girofle. Portez, portez, ô cha-
meliers, vos laines de grand prix aux quartiers de
foulons. Et c'est aussi le temps des grands séismes
d'Occident, quand les églises de Lisbonne, tous porches
béant sur les places et tous retables s'allumant sur fond
de corail rouge, brûlent leurs cires d'Orient à la face*

performed on our threshold! what bare feet running across our flagstones and across our tiles! . . .

Great Kings couched in your wooden cases under the bronze slabs, behold, here is our sacrifice to your rebellious shades:
surge of life into every grave, men standing on every slab, and once again life gathering all things under its wing!

Your decimated tribes rise from the void; your poignarded queens become turtledoves of the storm; in Swabia the last knights rode; and men of violence buckle on spurs for the conquests of learning. To history's pamphlets is added the desert bee, and the solitudes of the East are peopled by legends. . . Death in a white-lead mask washes its hands at our fountains.

Woman I am unto you, O my love, in all the feasts of memory. Listen, O listen, my love,
to the sound a great love makes in the surge of life. All things run upon life even as the imperial messengers.

In the city the daughters of widows paint their eyelids; white cattle of the Caucasus are sold for dinars; in their black-wood junks, old lacquerers of China have red hands; and the holds of great Dutch ships are redolent of clove. Load, caravans, load your camels with costly woolens, bear them to the fulling-mills. And this is also the time of the great Western earthquakes, when the churches of Lisbon, all their porches gaping onto the squares and all their altarpieces glowing out of a coral-red darkness, burn their Orient

*du monde. . . Vers les Grandes Indes de l'Ouest s'en vont les hommes d'aventure.*

*Ô mon amour du plus grand songe, mon cœur ouvert à l'éternel, votre âme s'ouvrant à l'empire,*
*que toutes choses hors du songe, que toutes choses par le monde nous soient en grâce sur la route!*

*La Mort au masque de céruse se montre aux fêtes chez les Noirs, la Mort en robe de griot changerait-elle de dialecte? . . . Ah! toutes choses de mémoire, ah! toutes choses que nous sûmes, et toutes choses que nous fûmes, tout ce qu'assemble hors du songe le temps d'une nuit d'homme, qu'il en soit fait avant le jour pillage et fête et feu de braise pour la cendre du soir!*
*—mais le lait qu'au matin un cavalier tartare tire du flanc de sa bête, c'est à vos lèvres, ô mon amour, que j'en garde mémoire.*

1968

tapers in the face of the world. . . And for the Great West Indies the adventurers set sail.

O my love greatest in dreaming, my heart open to the eternal, your soul opening to empire,
may all things outside the dream, may all things in the world be merciful to us on the way!

Death in a white-lead mask appears at the feasts of the Blacks, will Death in a Griot gown change its dialect?. . . Ah! all that is remembered, all that we ever knew, all that we ever were, all that the space of a man's night musters outside the dream, let there be made of it, before day, pillage and feasting and embers for the evening ash! —but the milk the Tartar horseman draws from his mare in the morning, it is on your lips, O my love, that I remember its taste.

1968

*Library of Congress Cataloging in Publication Data*

Léger, Alexis Saint-Léger, 1889–
   Song for an equinox.

  (Bollingen series; 69, 2)
  English and French.
  I. Title.  II. Series.
PQ2623.E386C3813    841'.9'12    76-45920
ISBN: 0-691-09938-3

DATE DUE